Pingouin
Livre de coloriage

Coloring Pages for Kids

Coloring Pages for Kids
An imprint of Ciparum LLC

Pingouin livre de coloriage
© 2017 Ciparum LLC
All rights reserved.
ISBN-10:1-63589-516-2
ISBN-13:978-1-63589-516-2

Coloring Pages for Kids

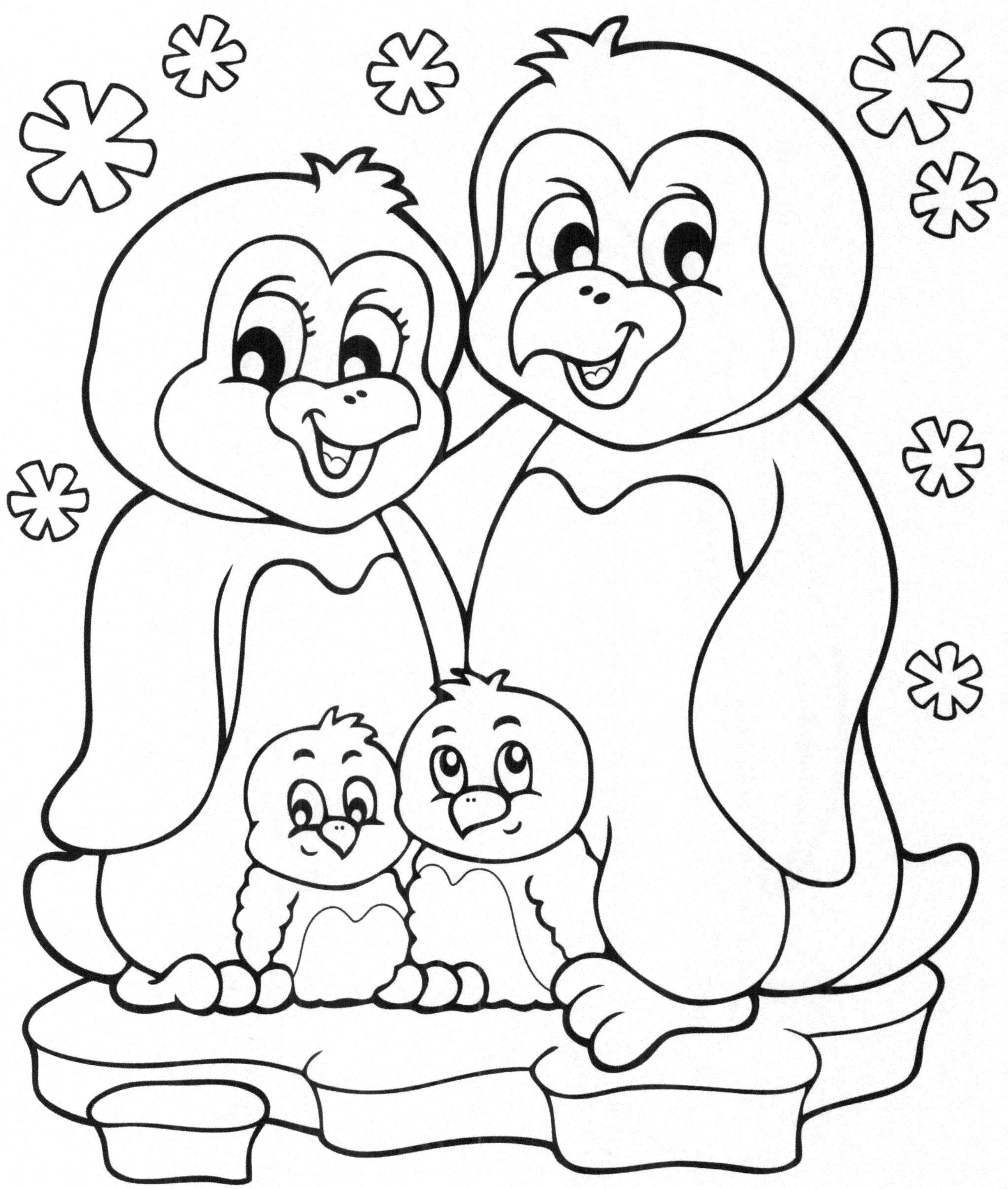

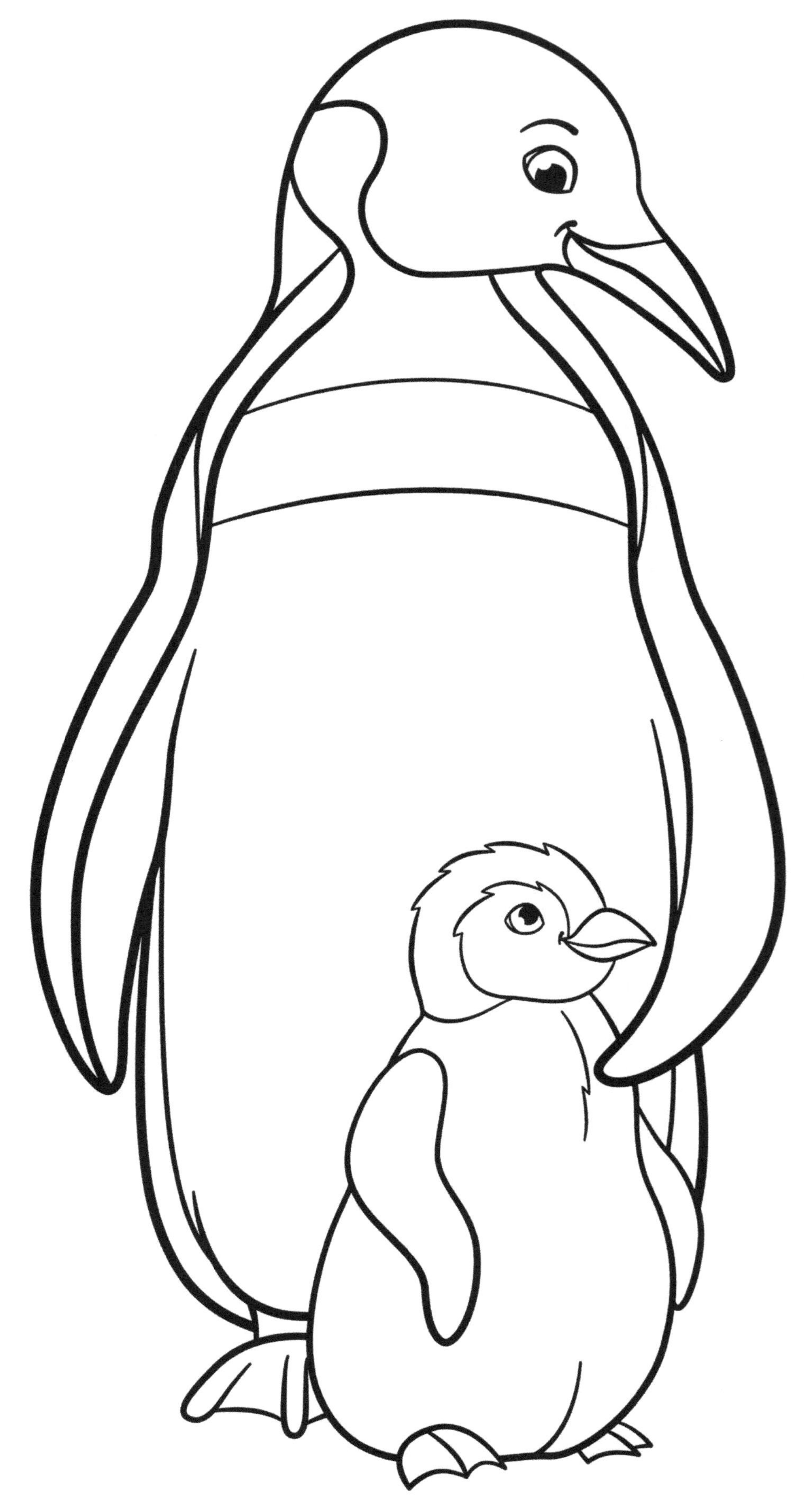

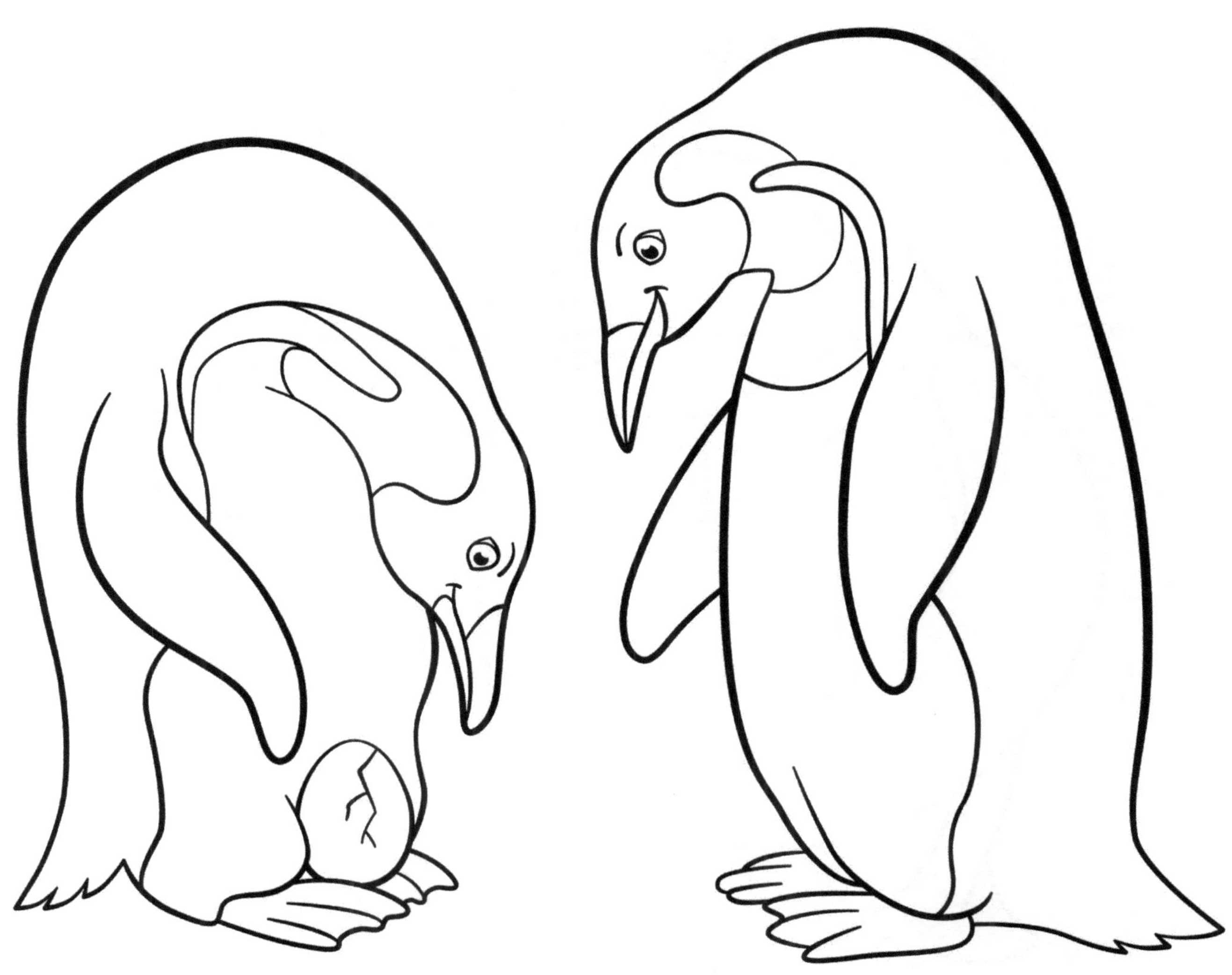

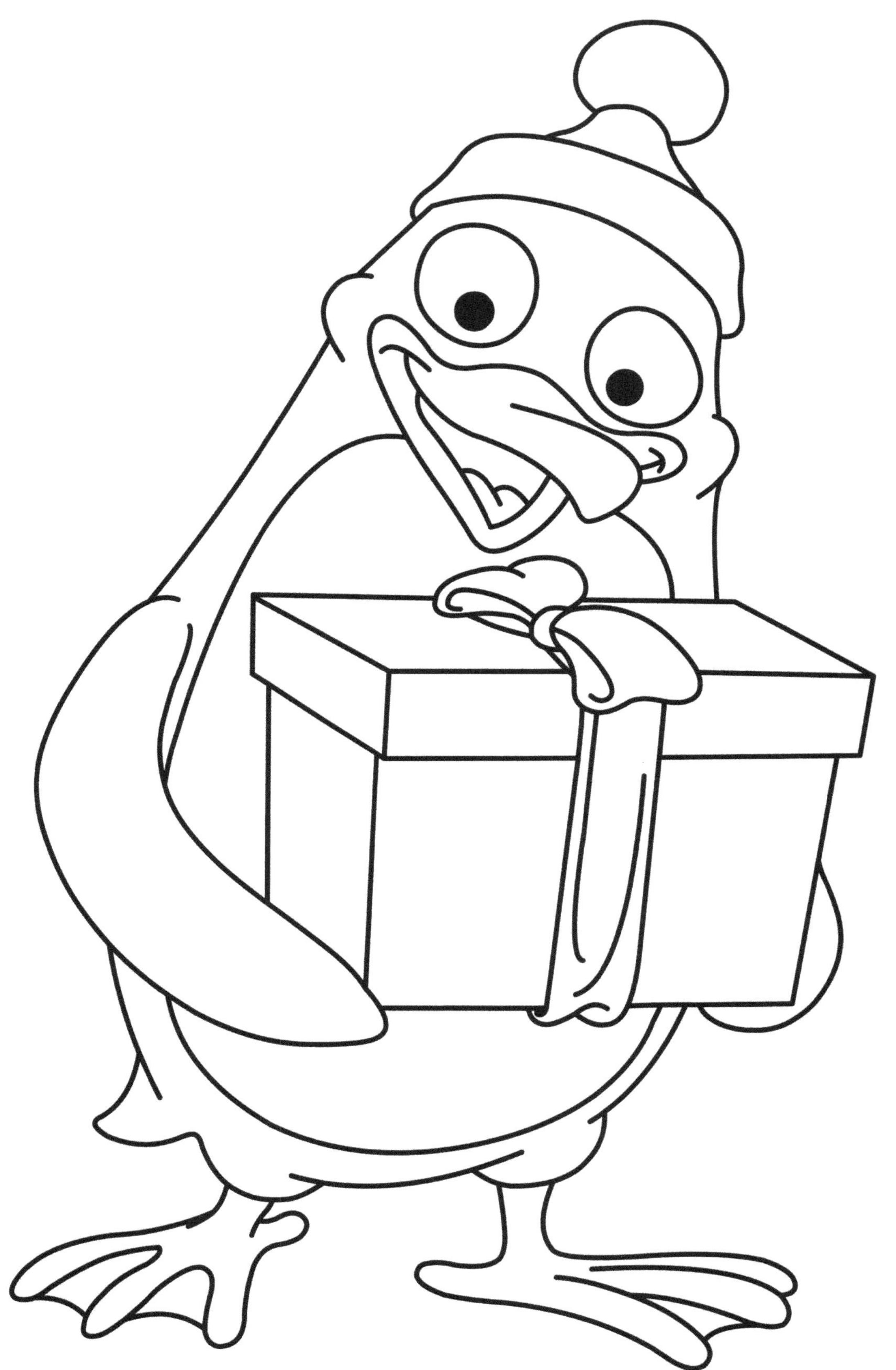

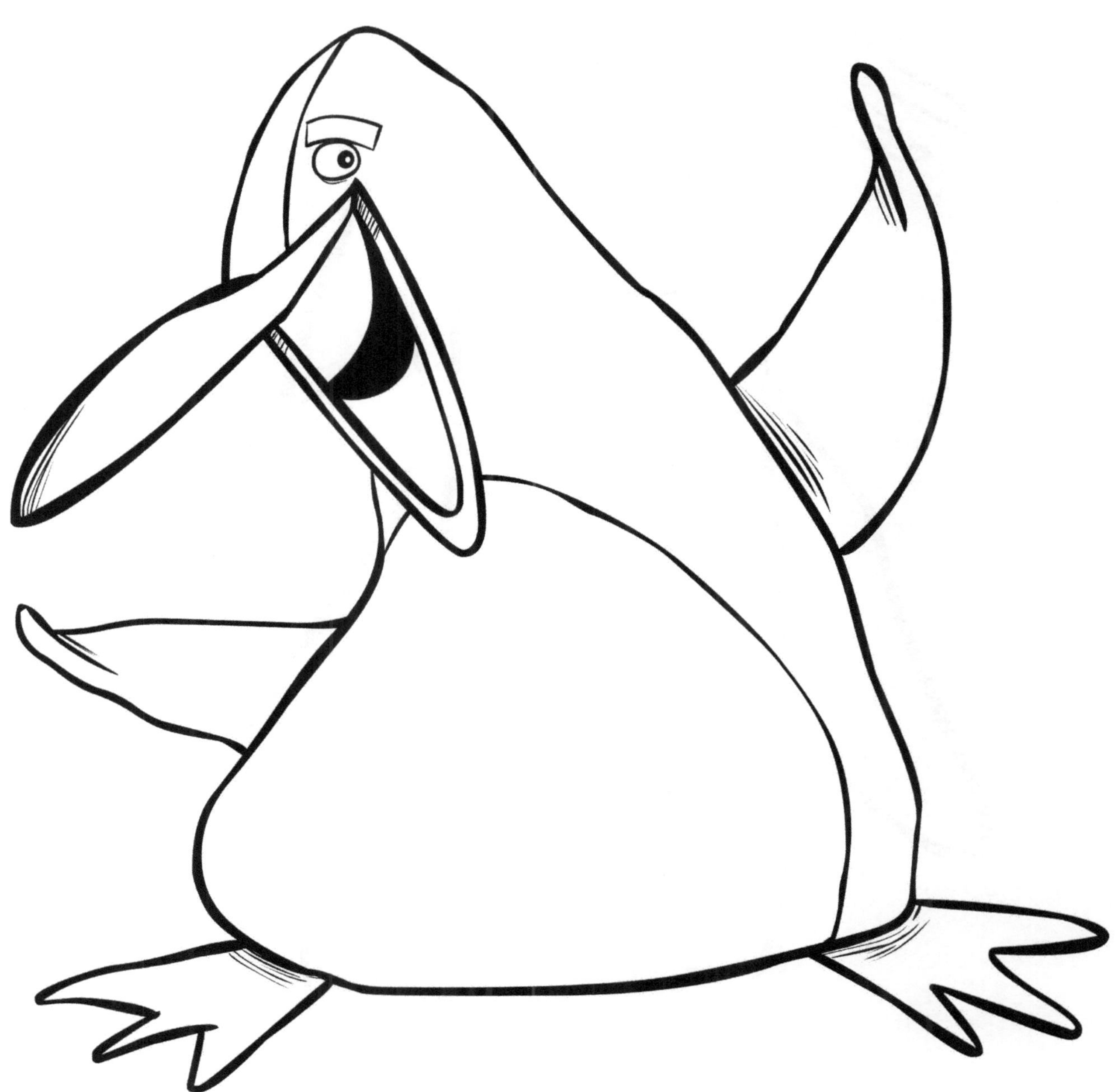

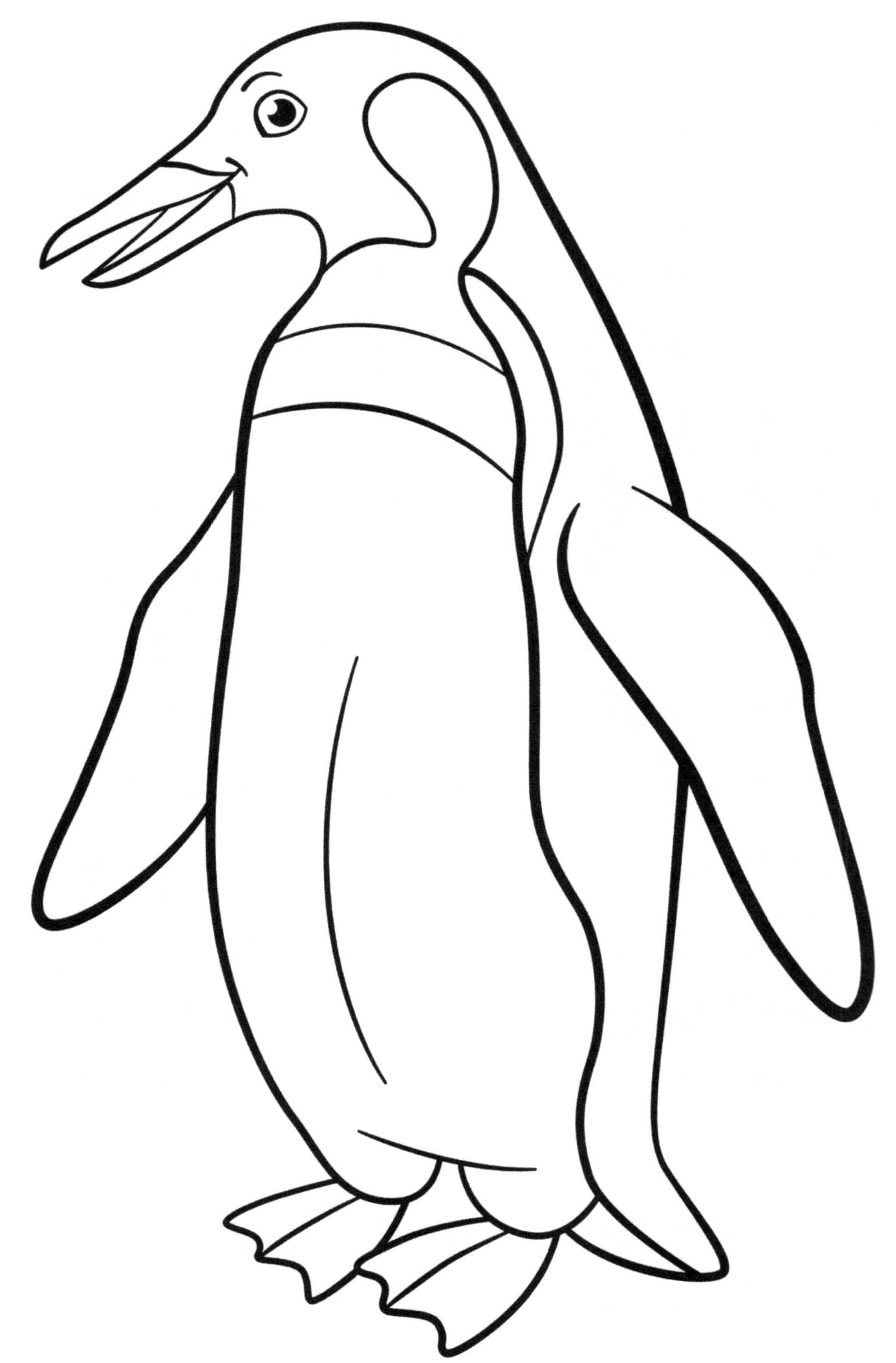

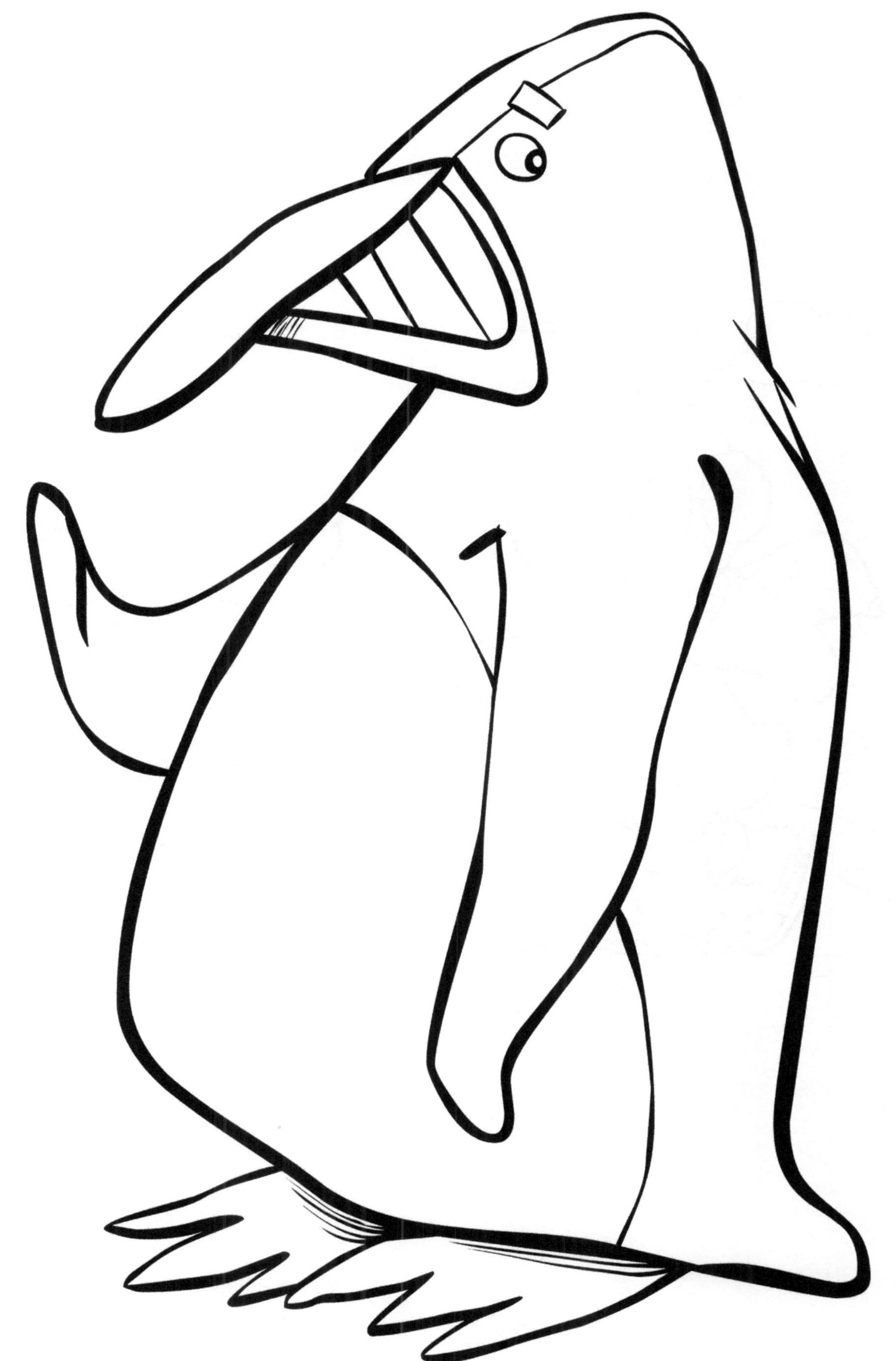

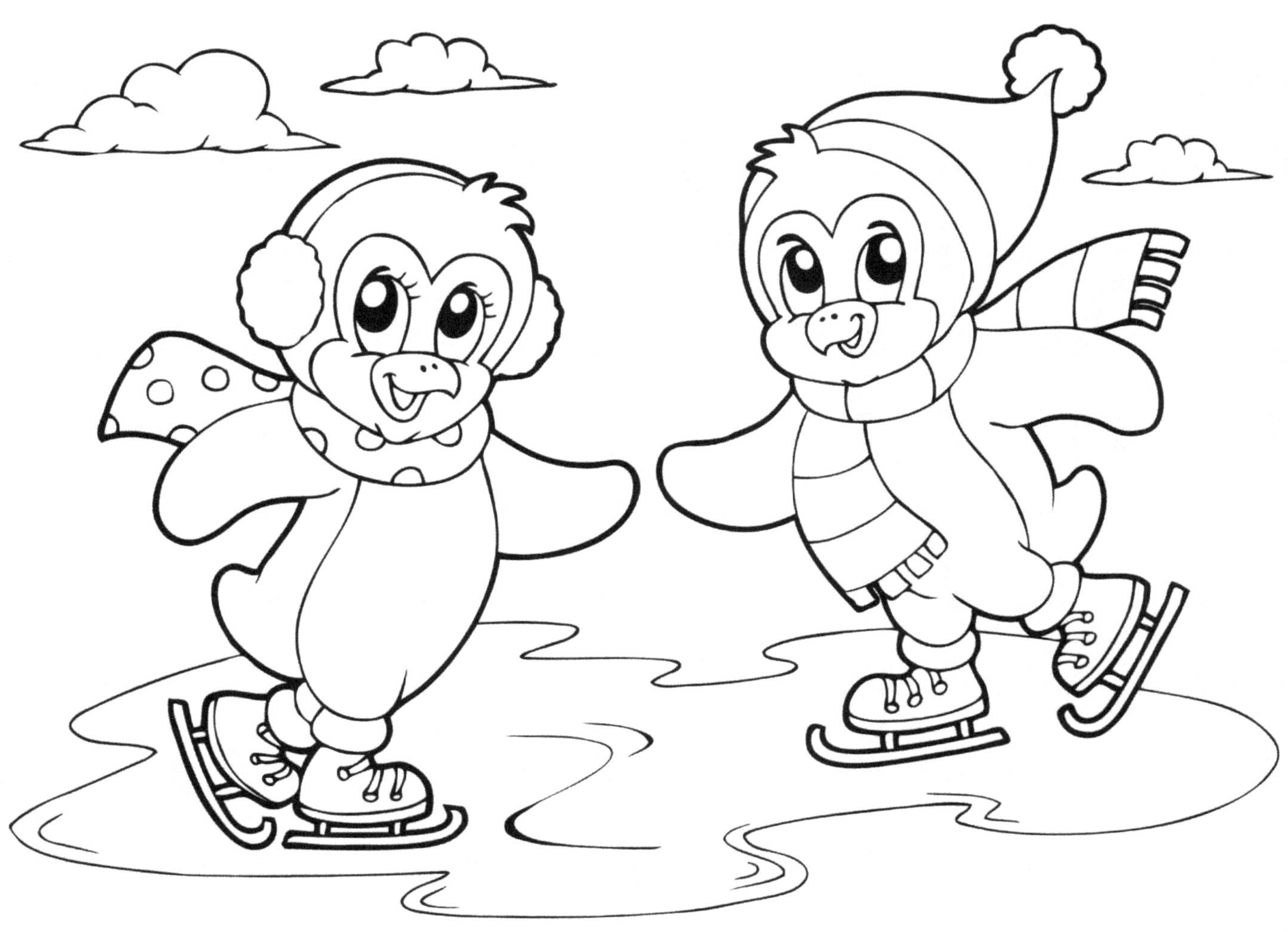

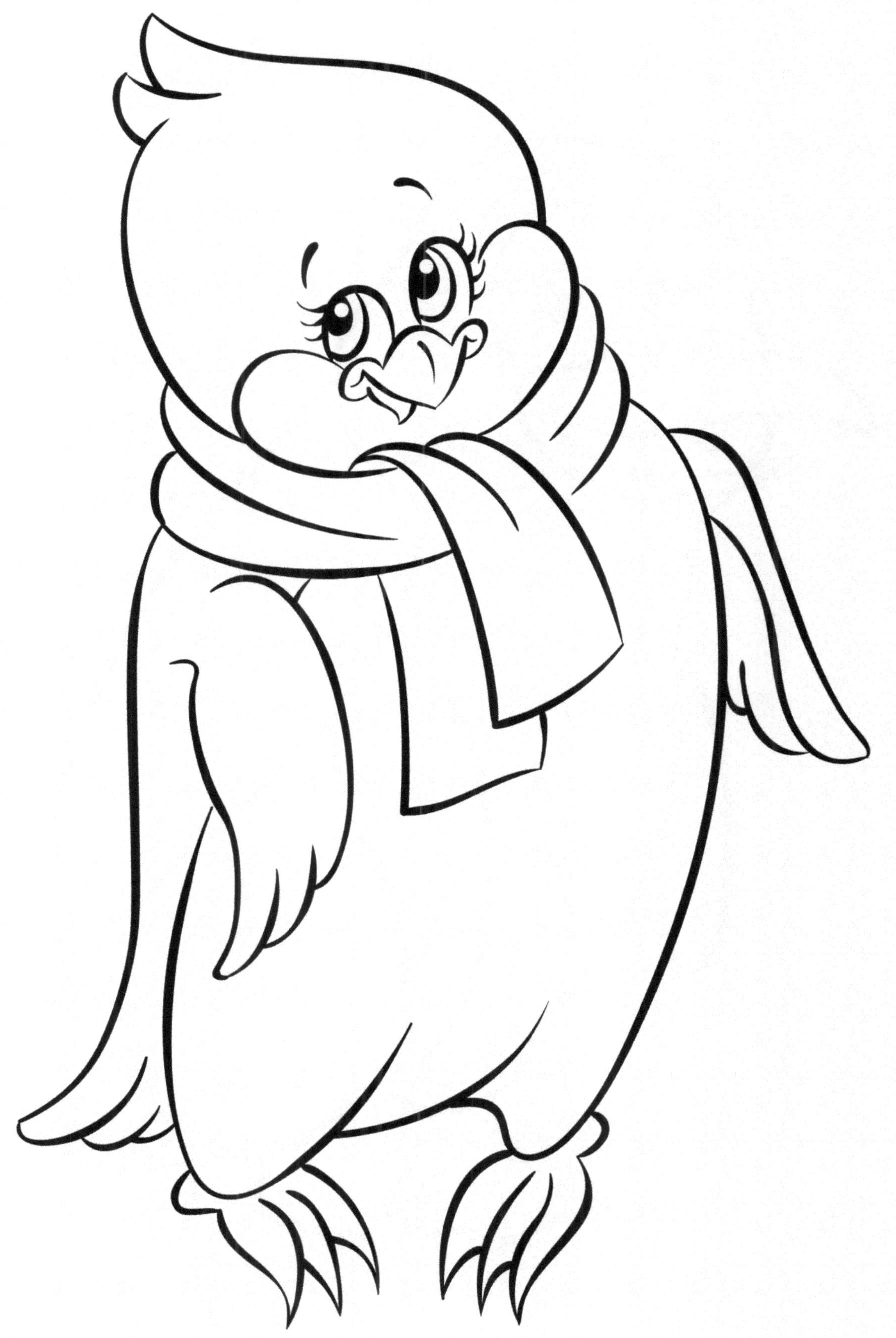

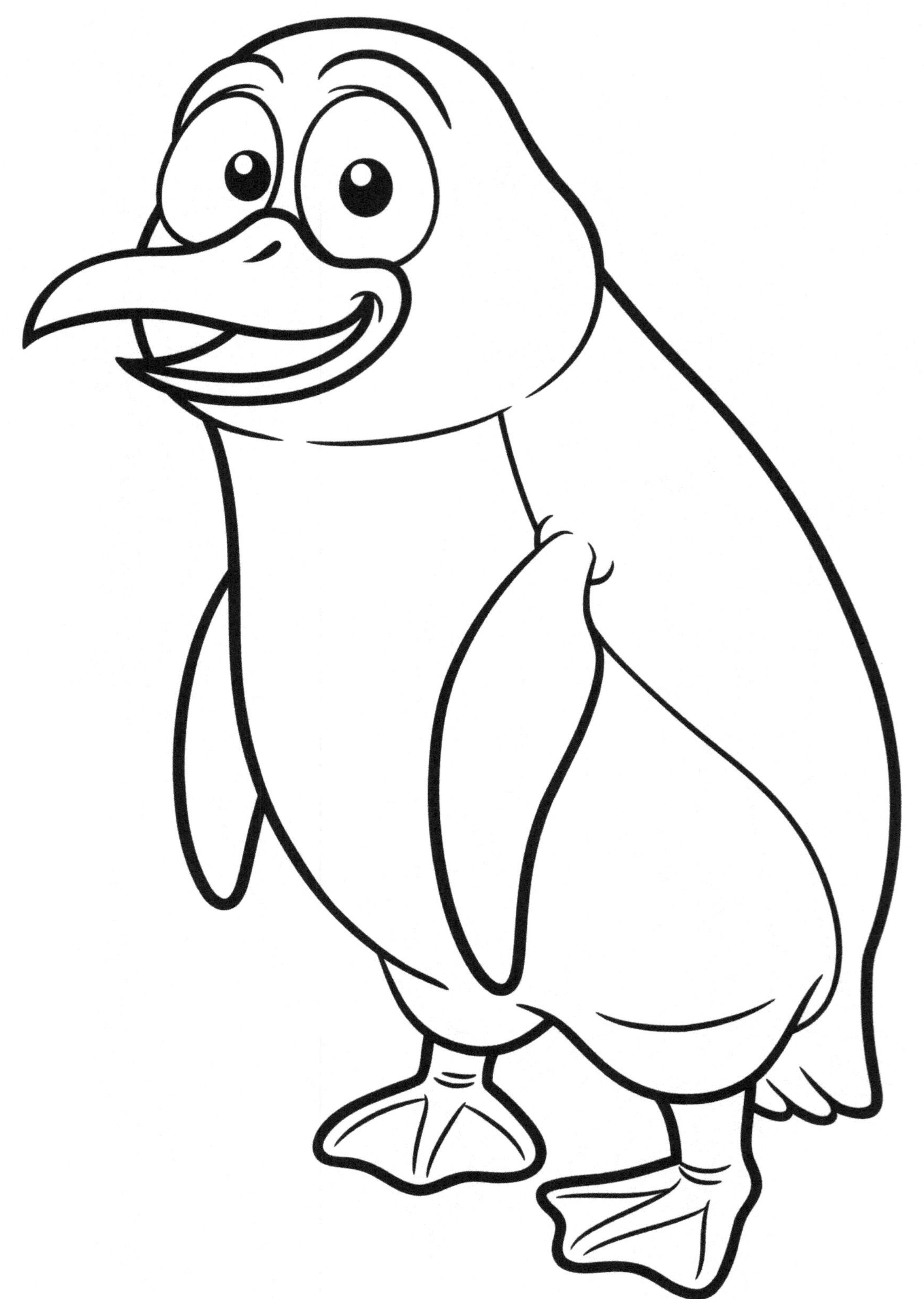

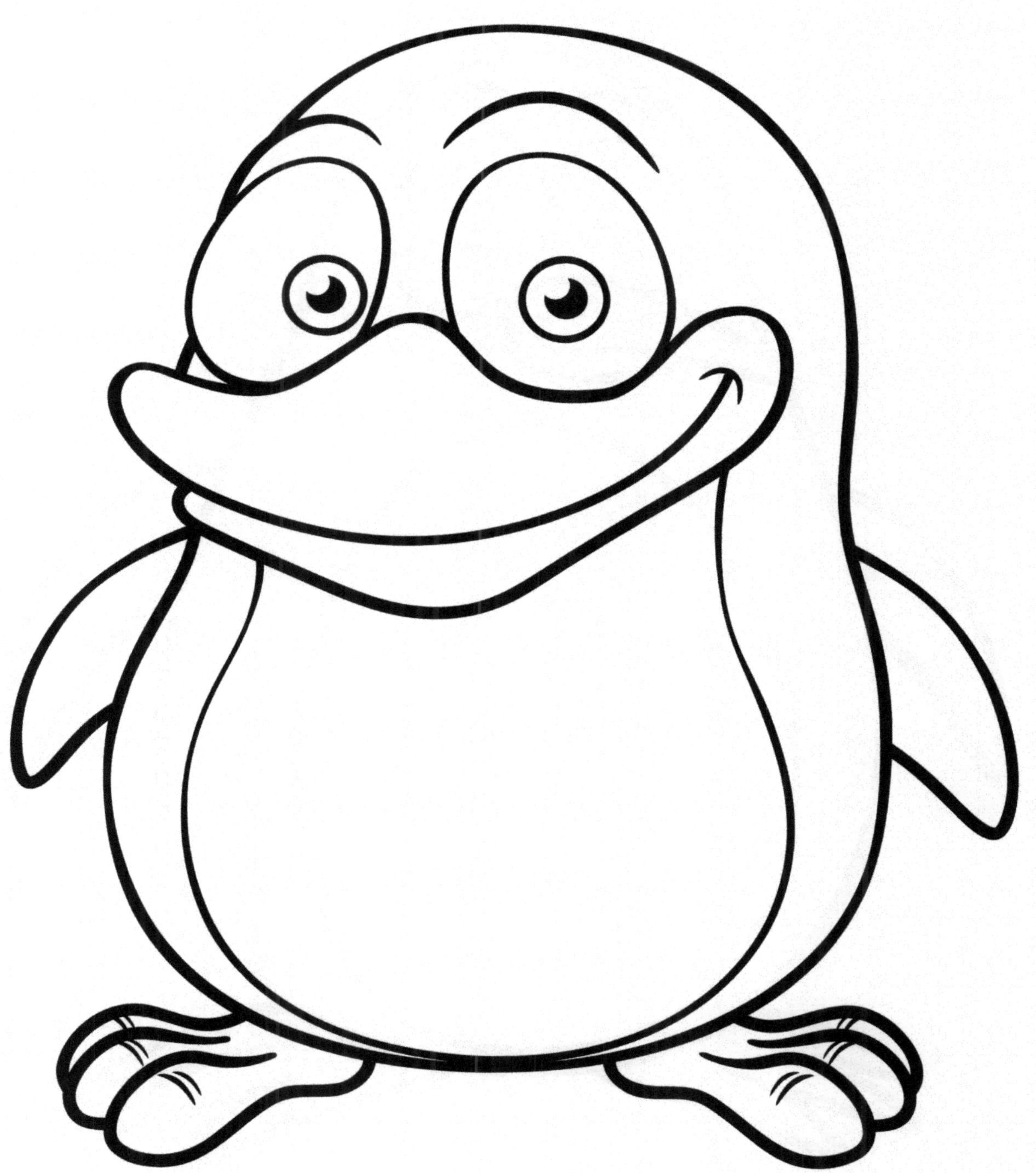

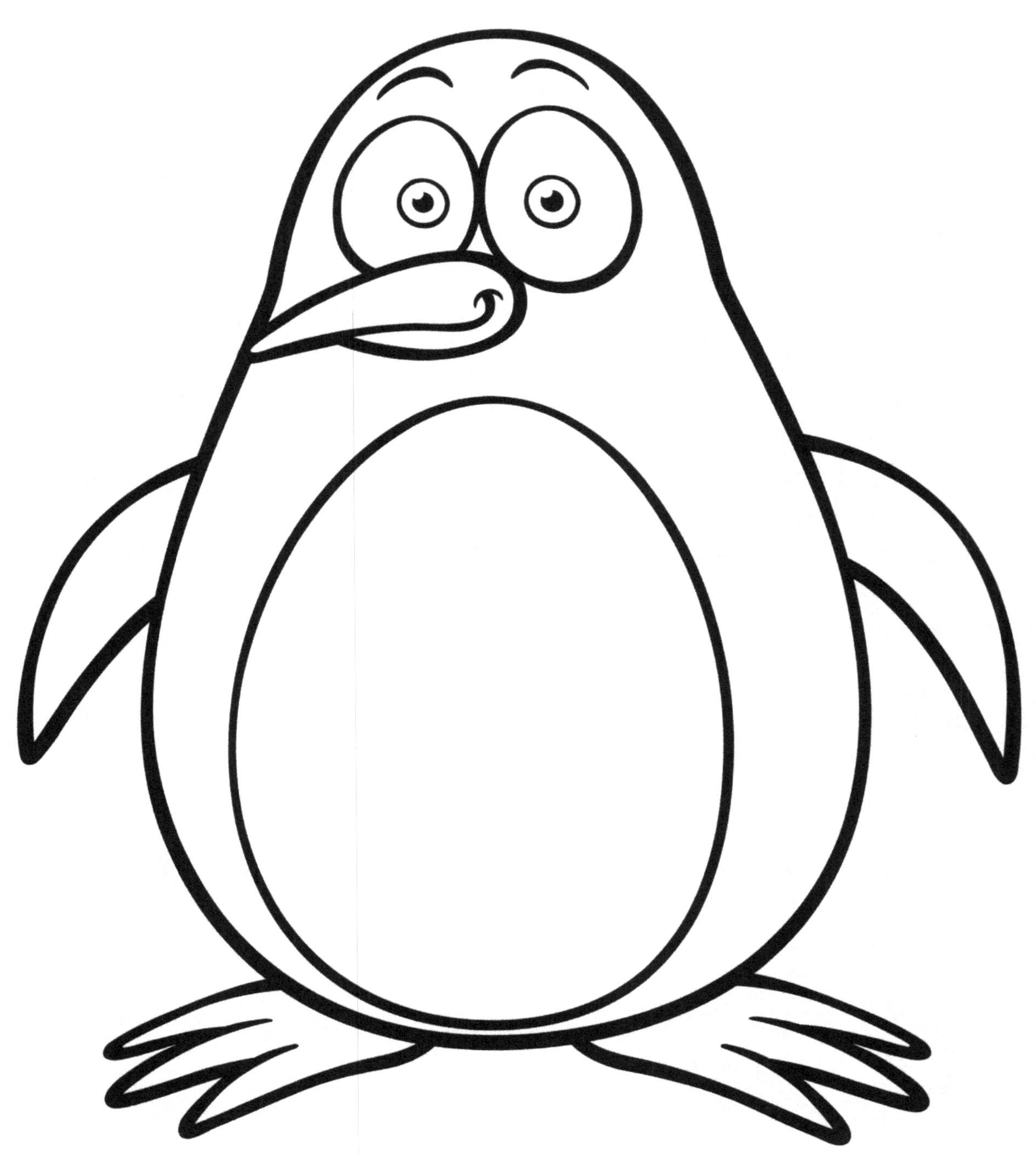

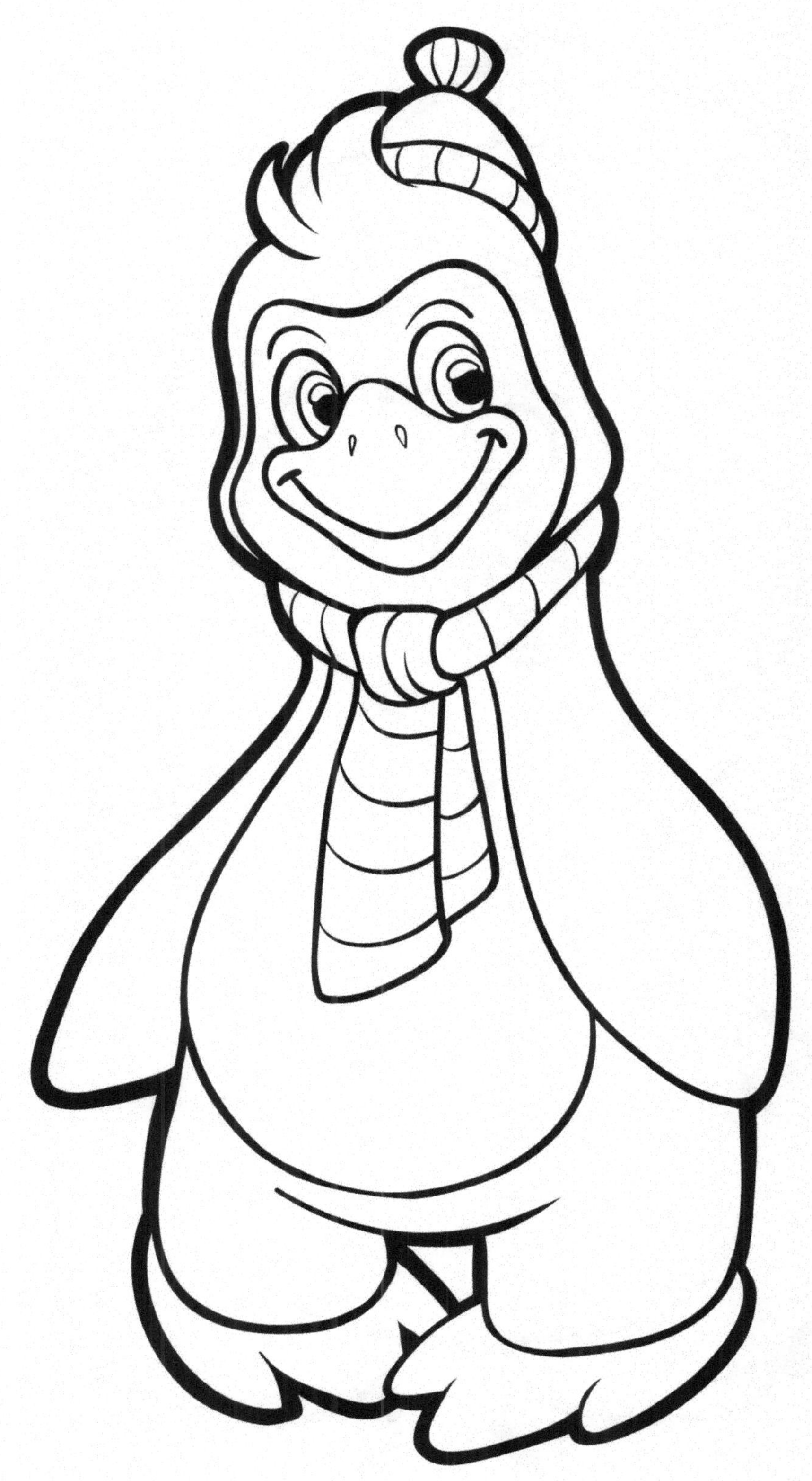

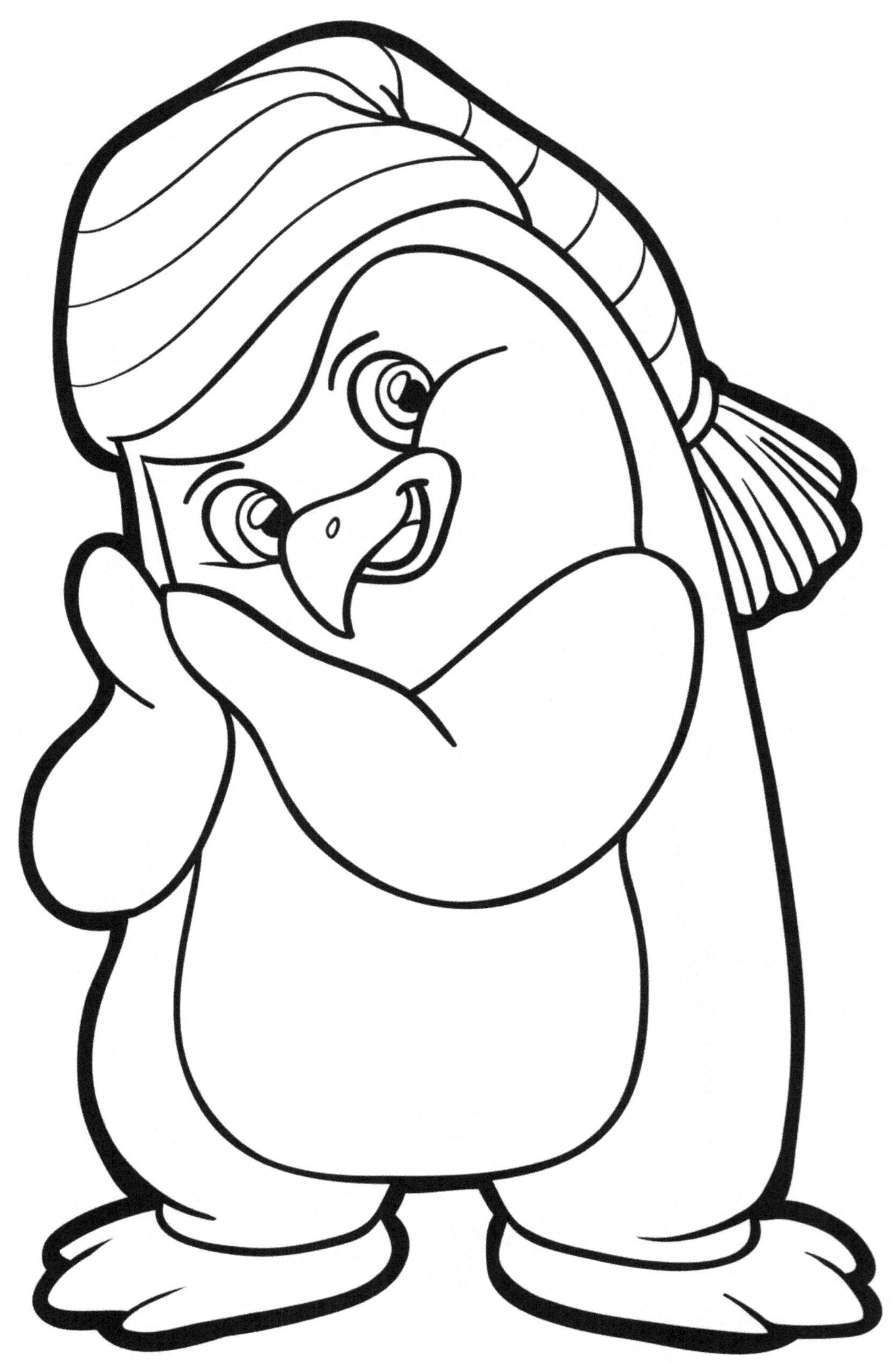

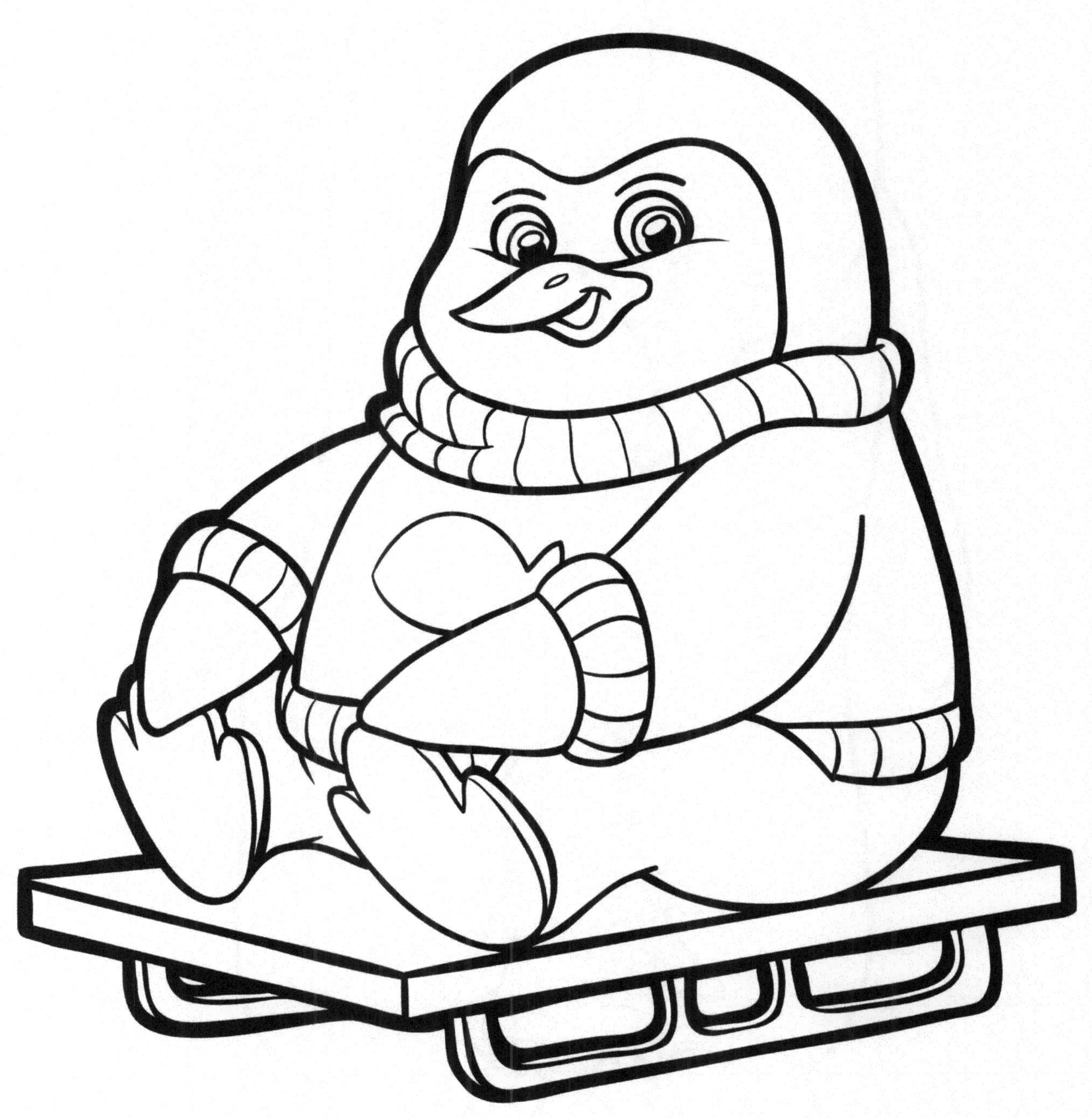

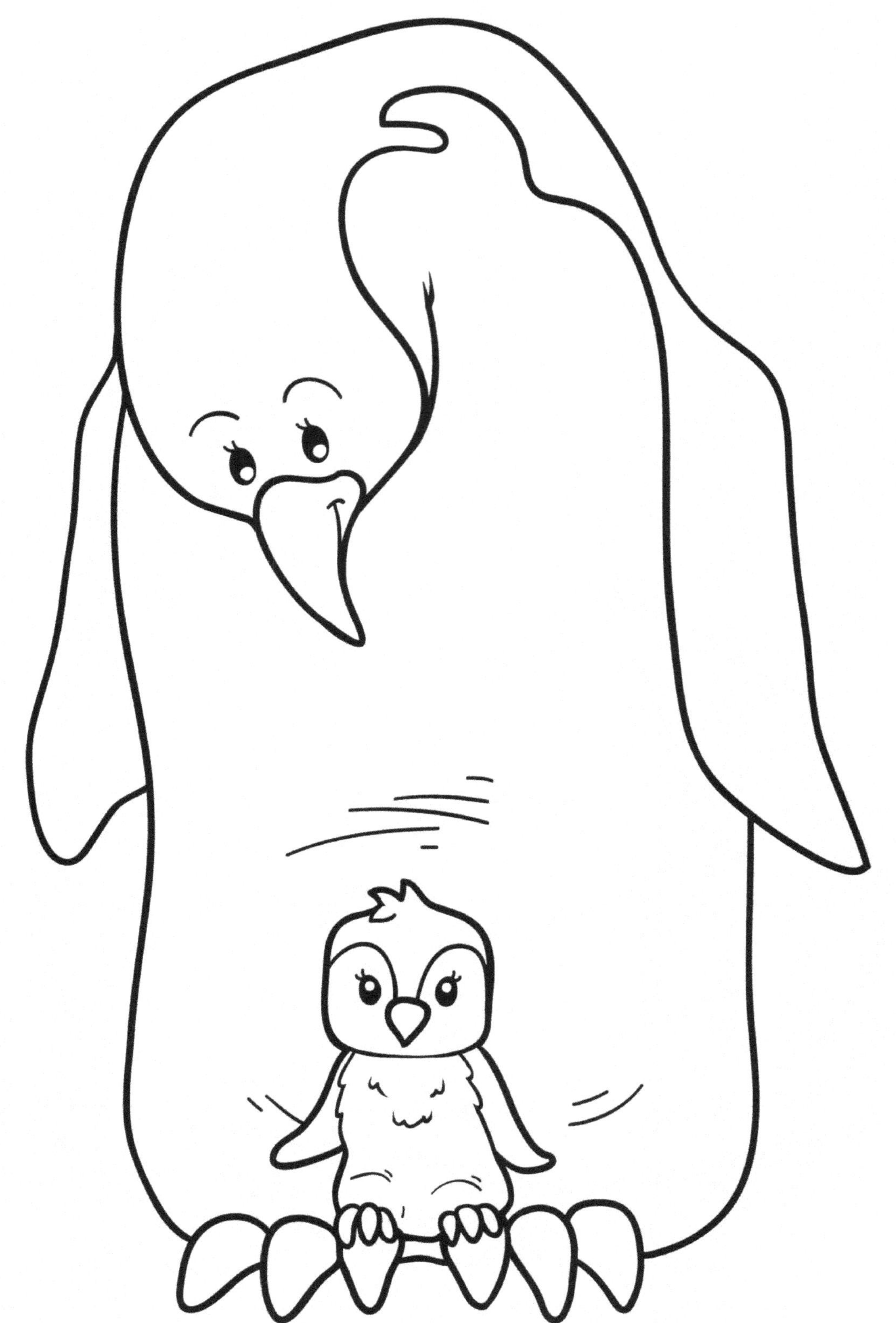

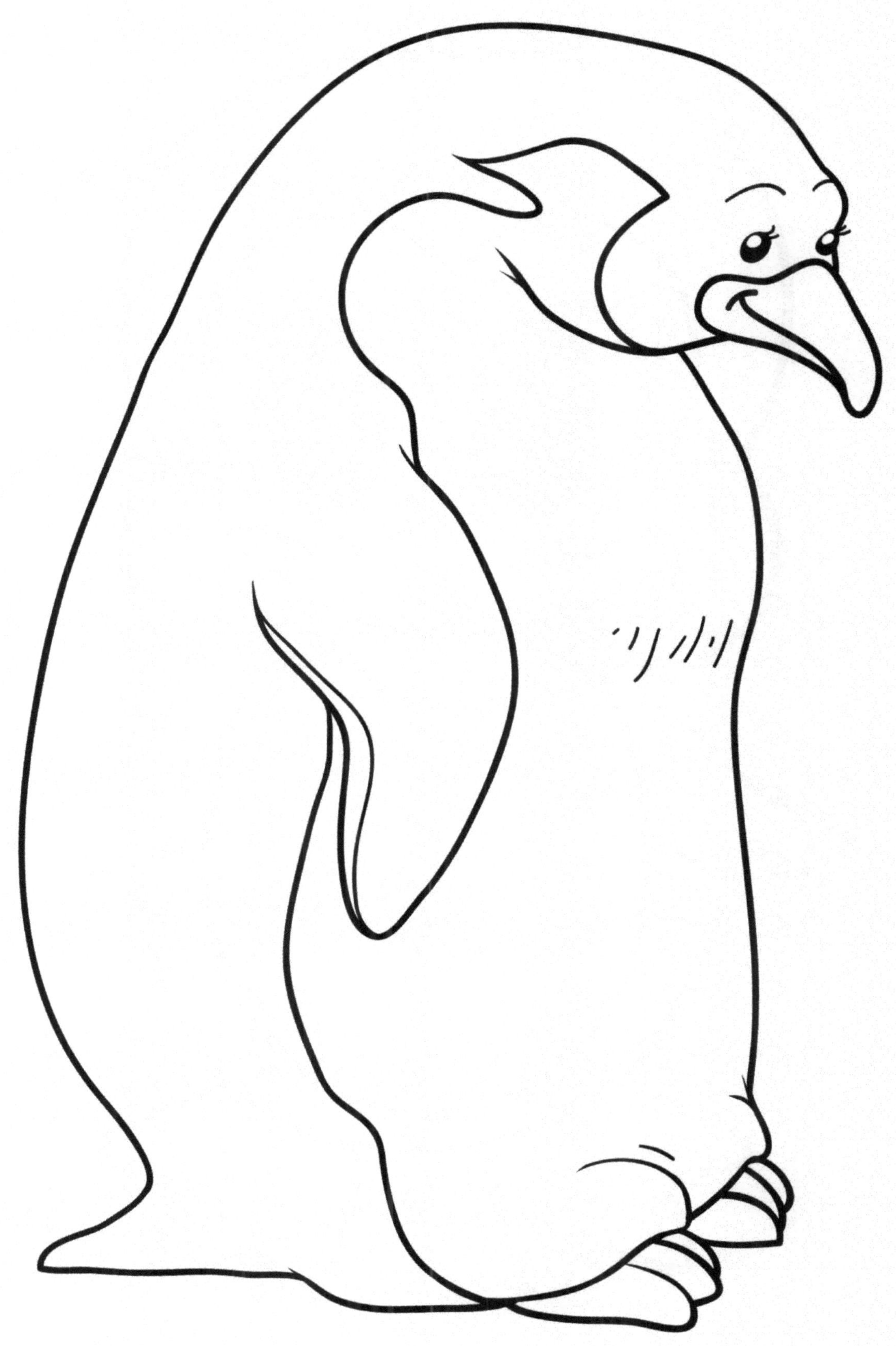

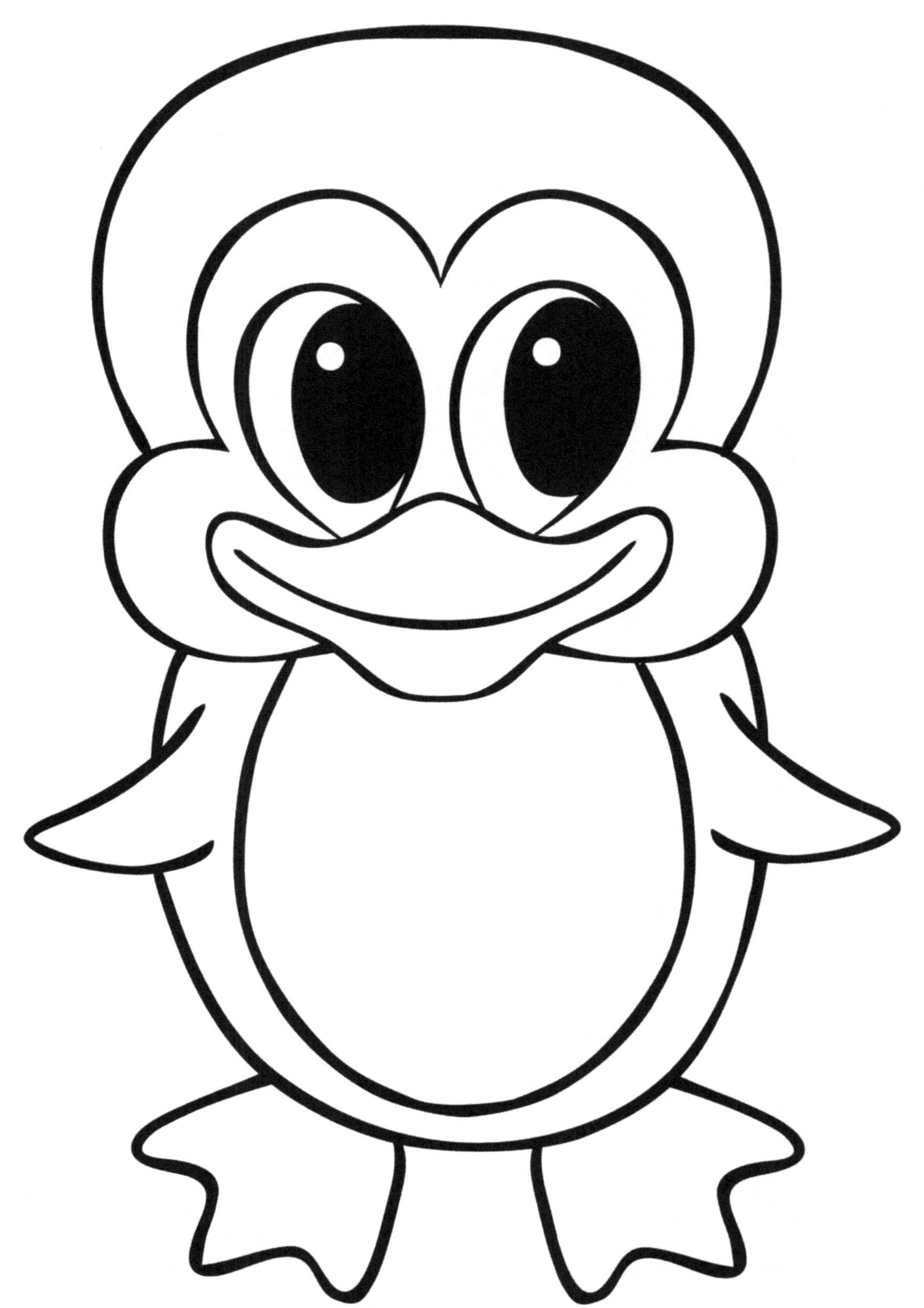

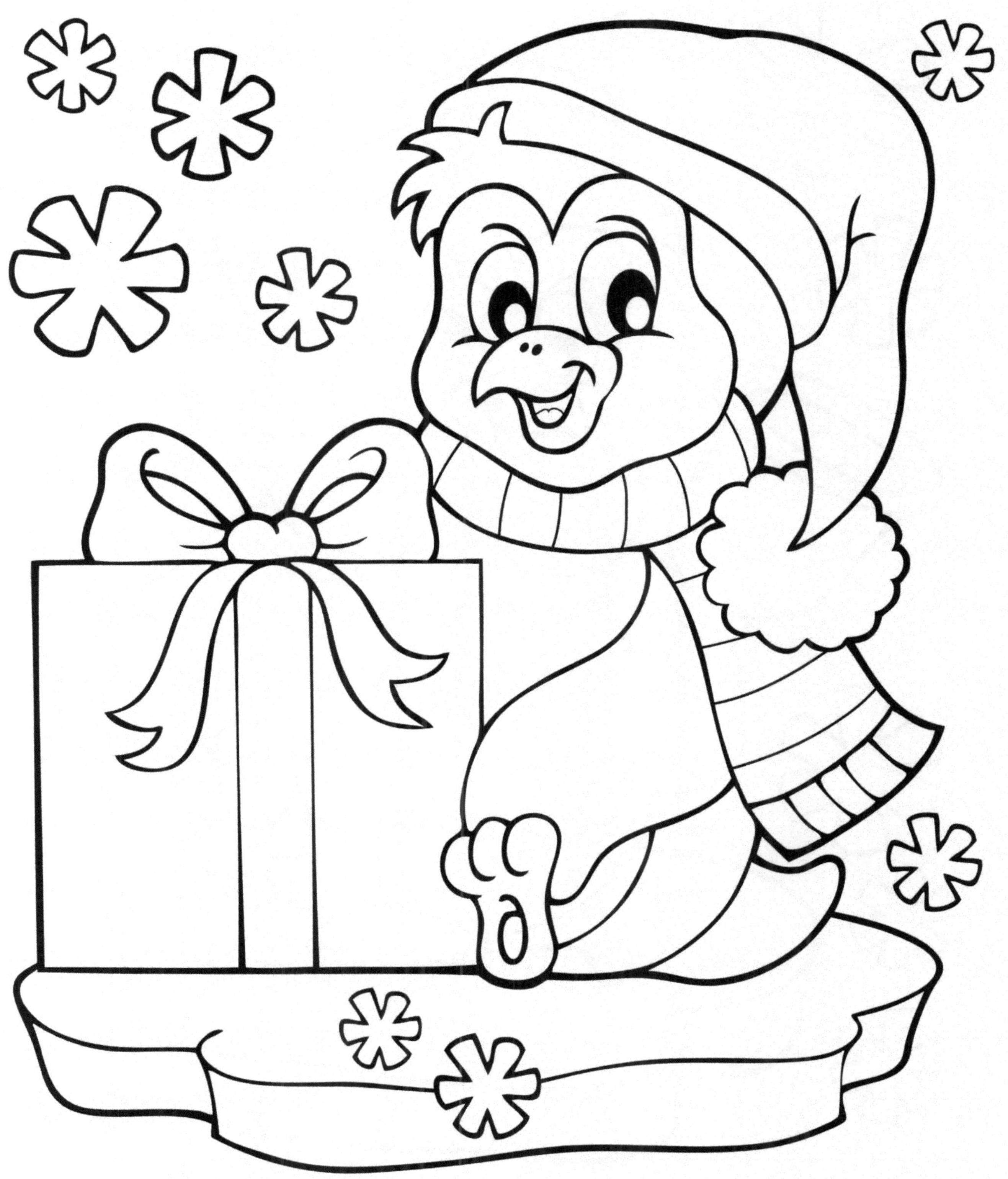

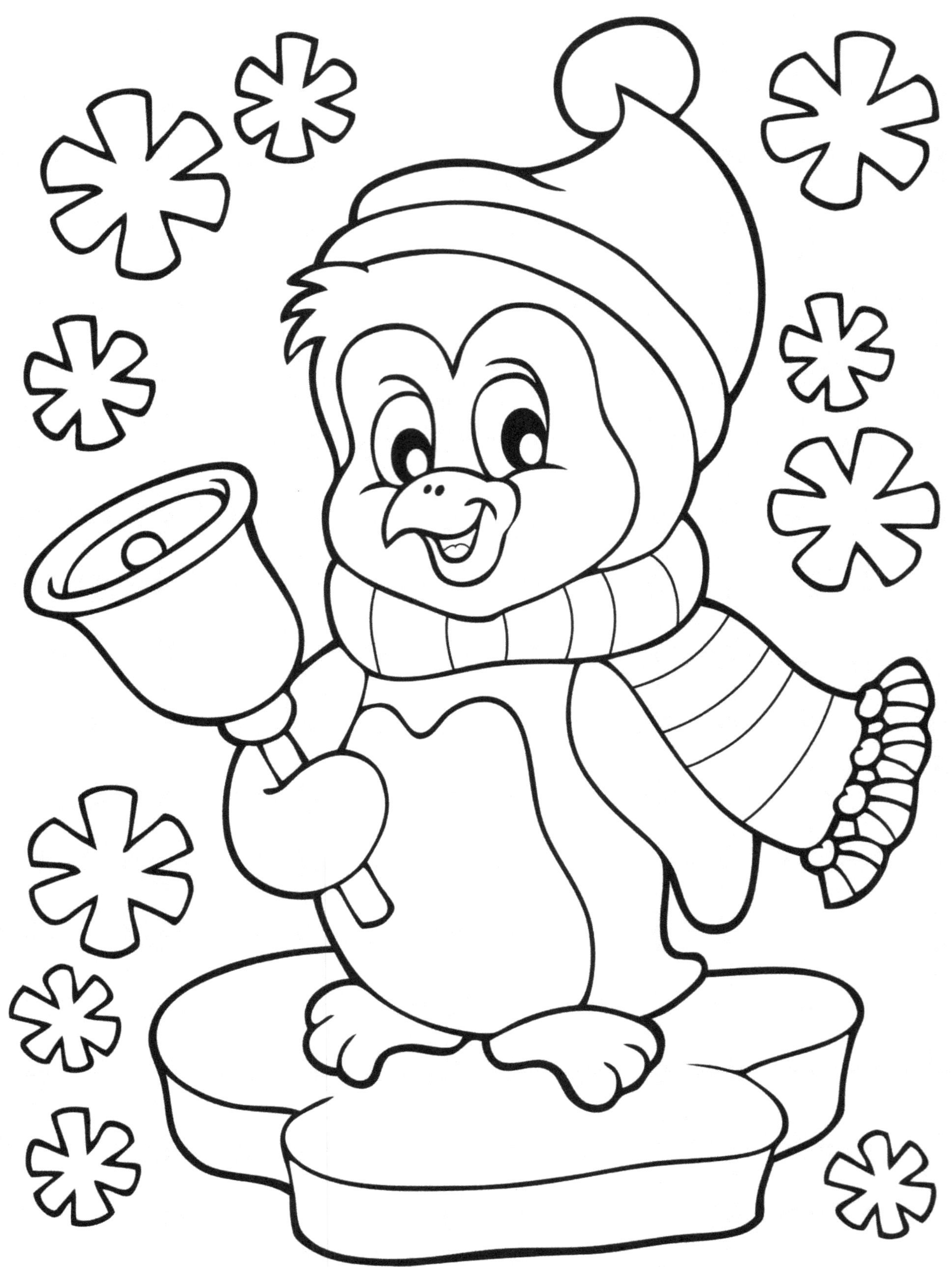

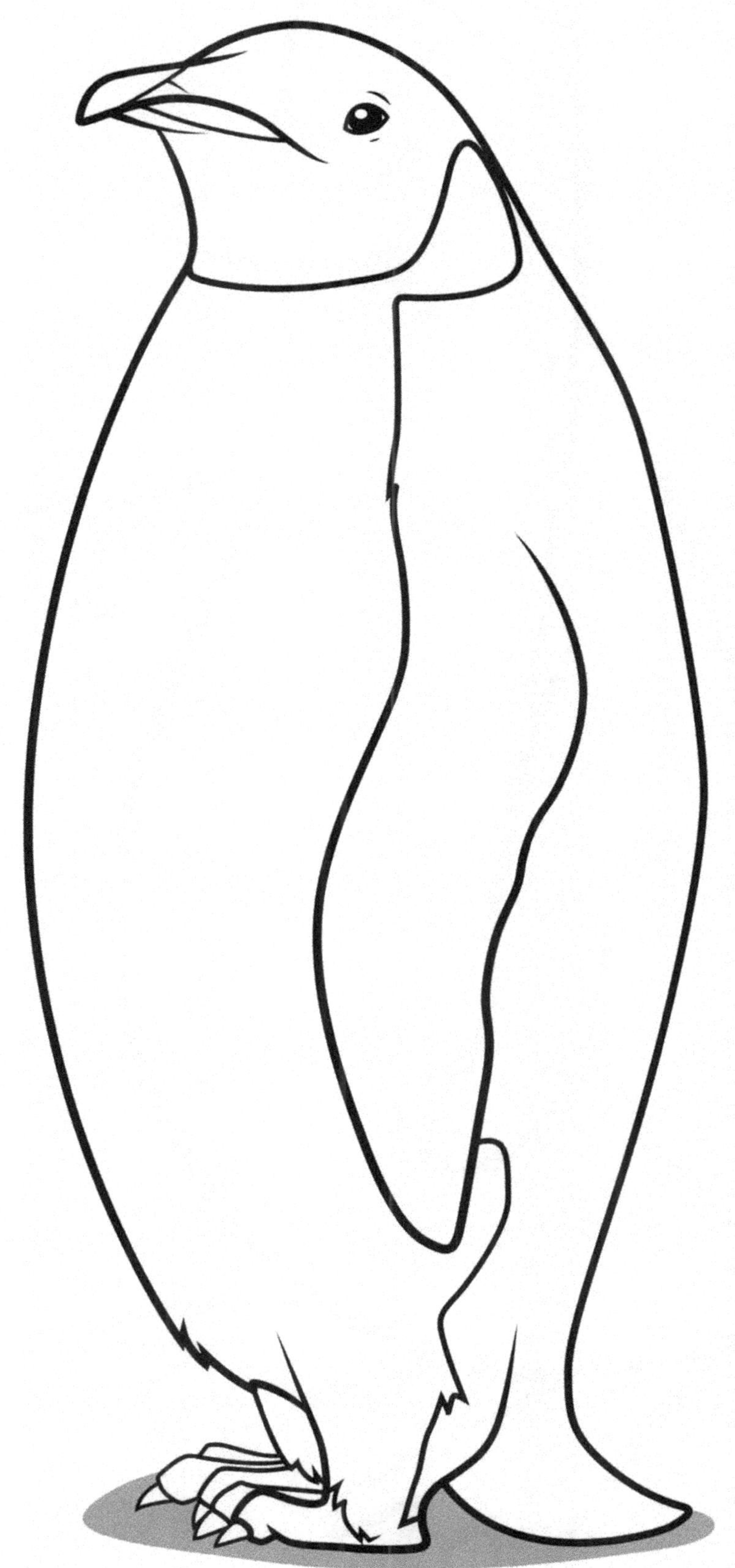

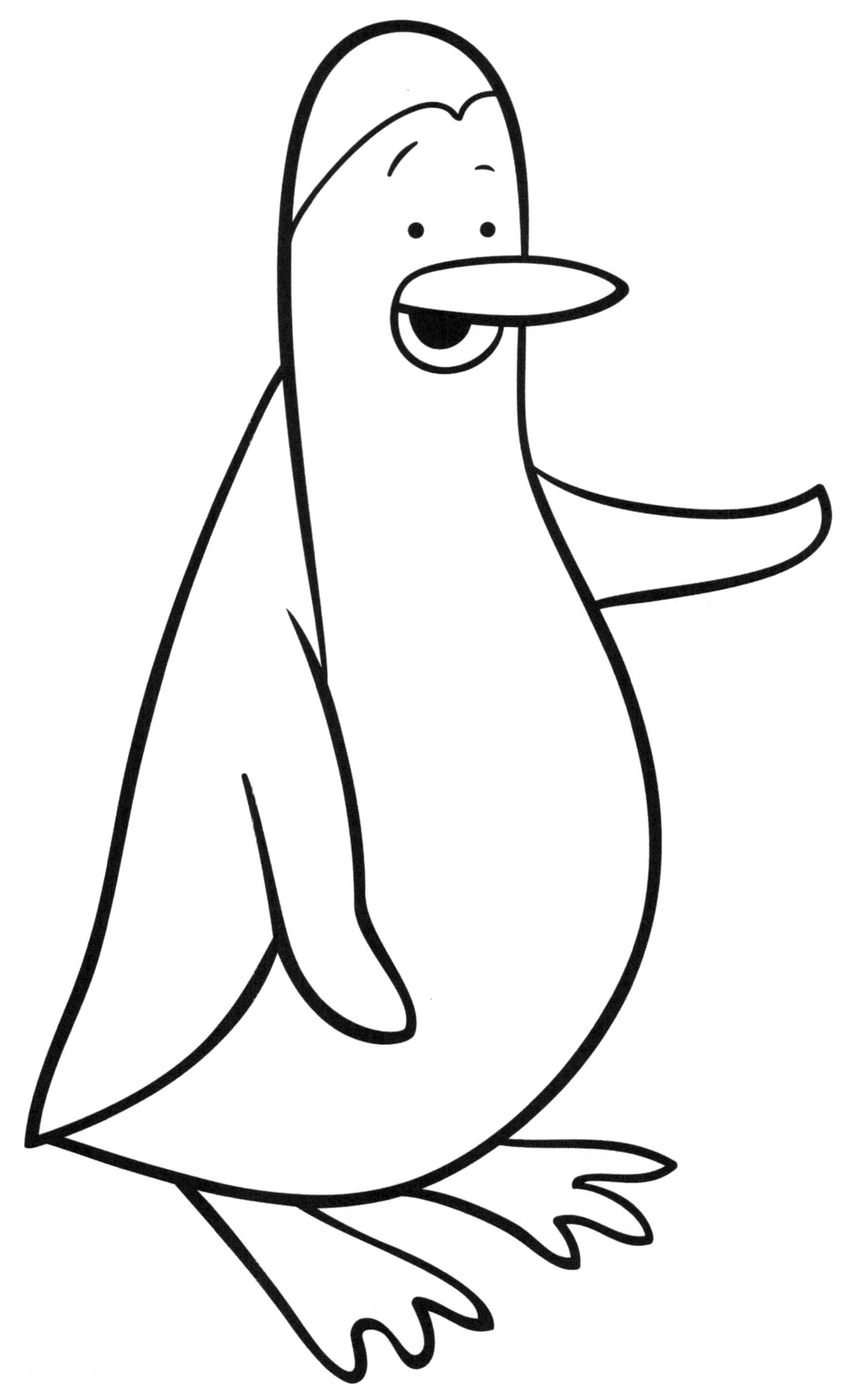

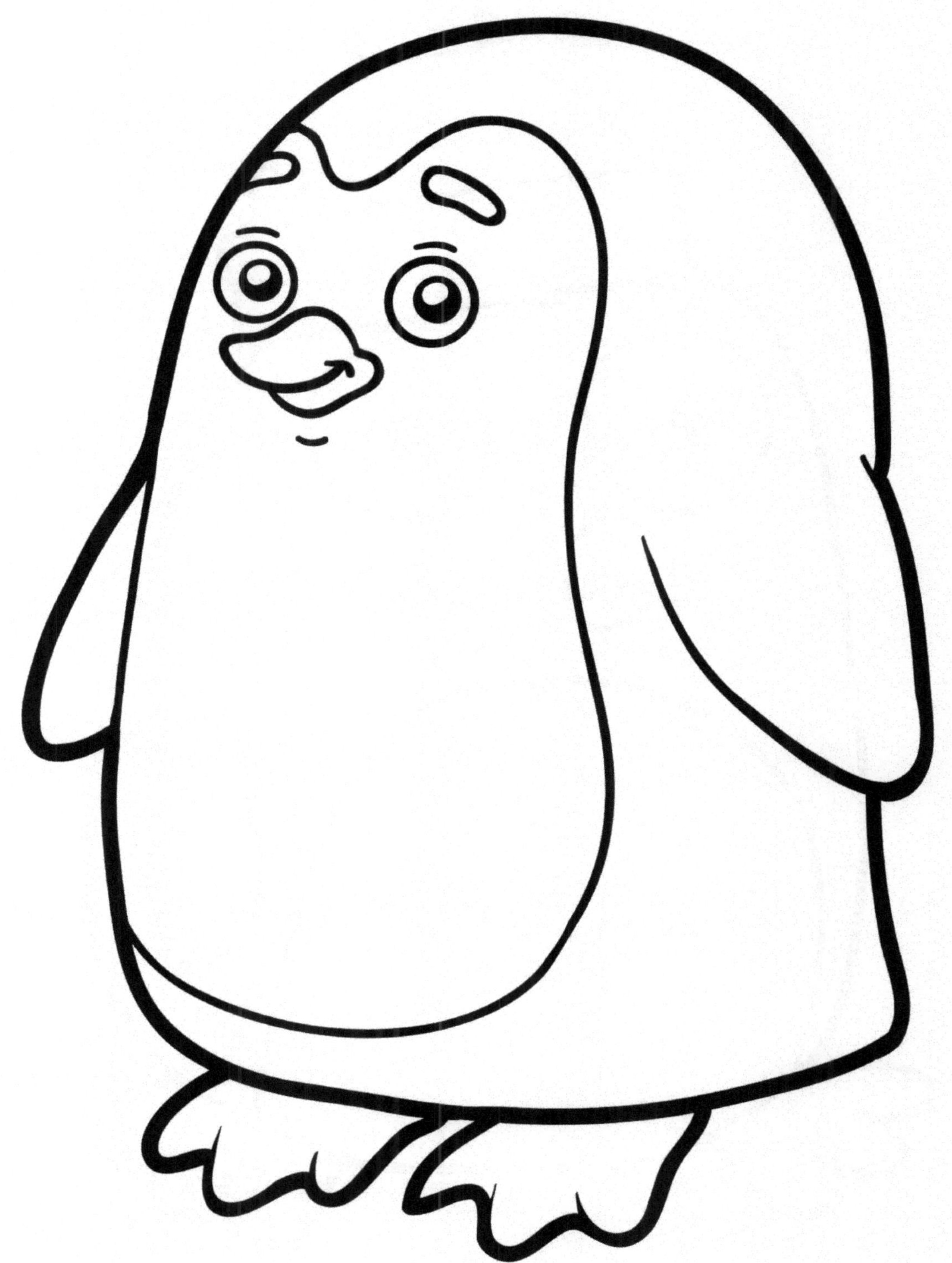

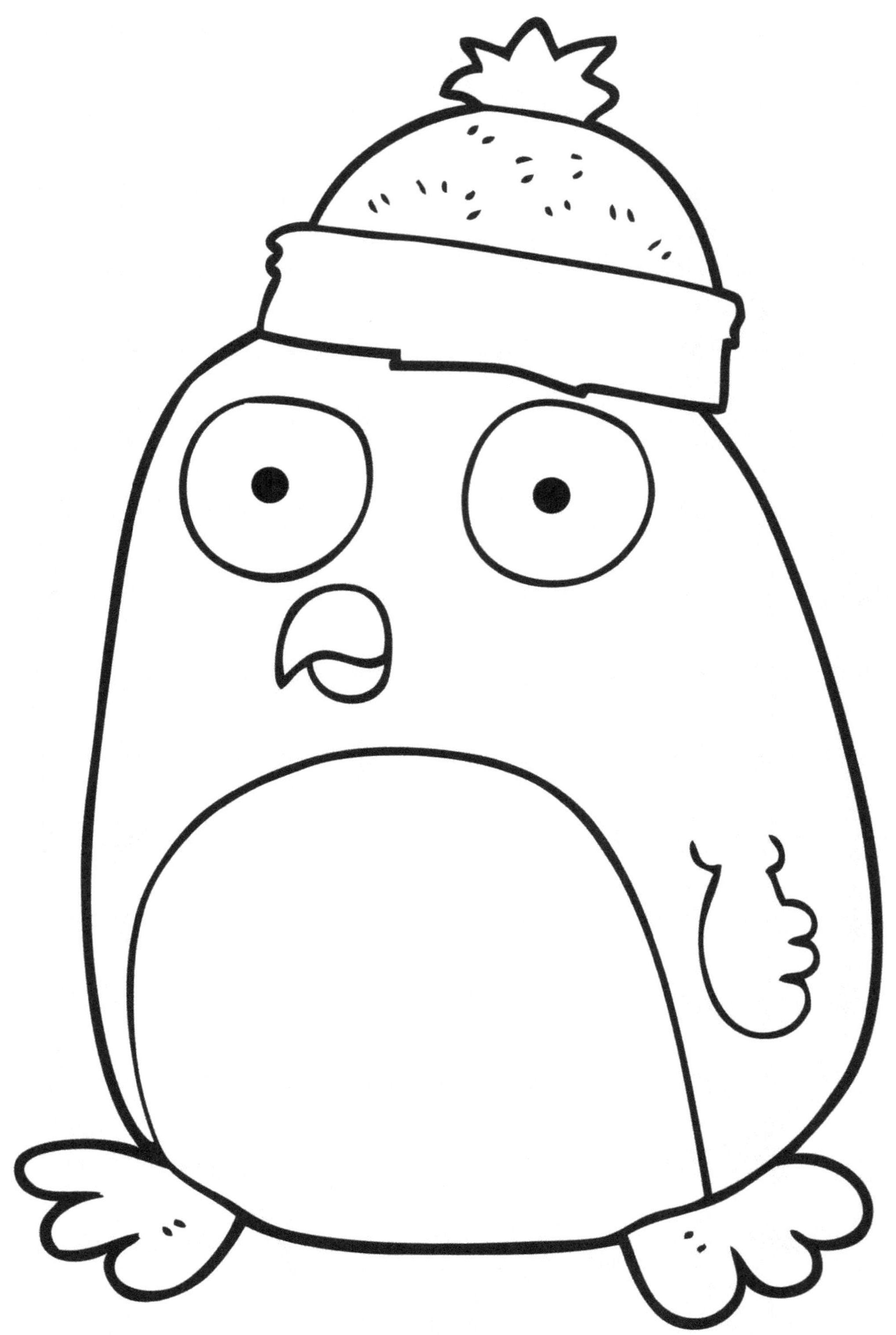

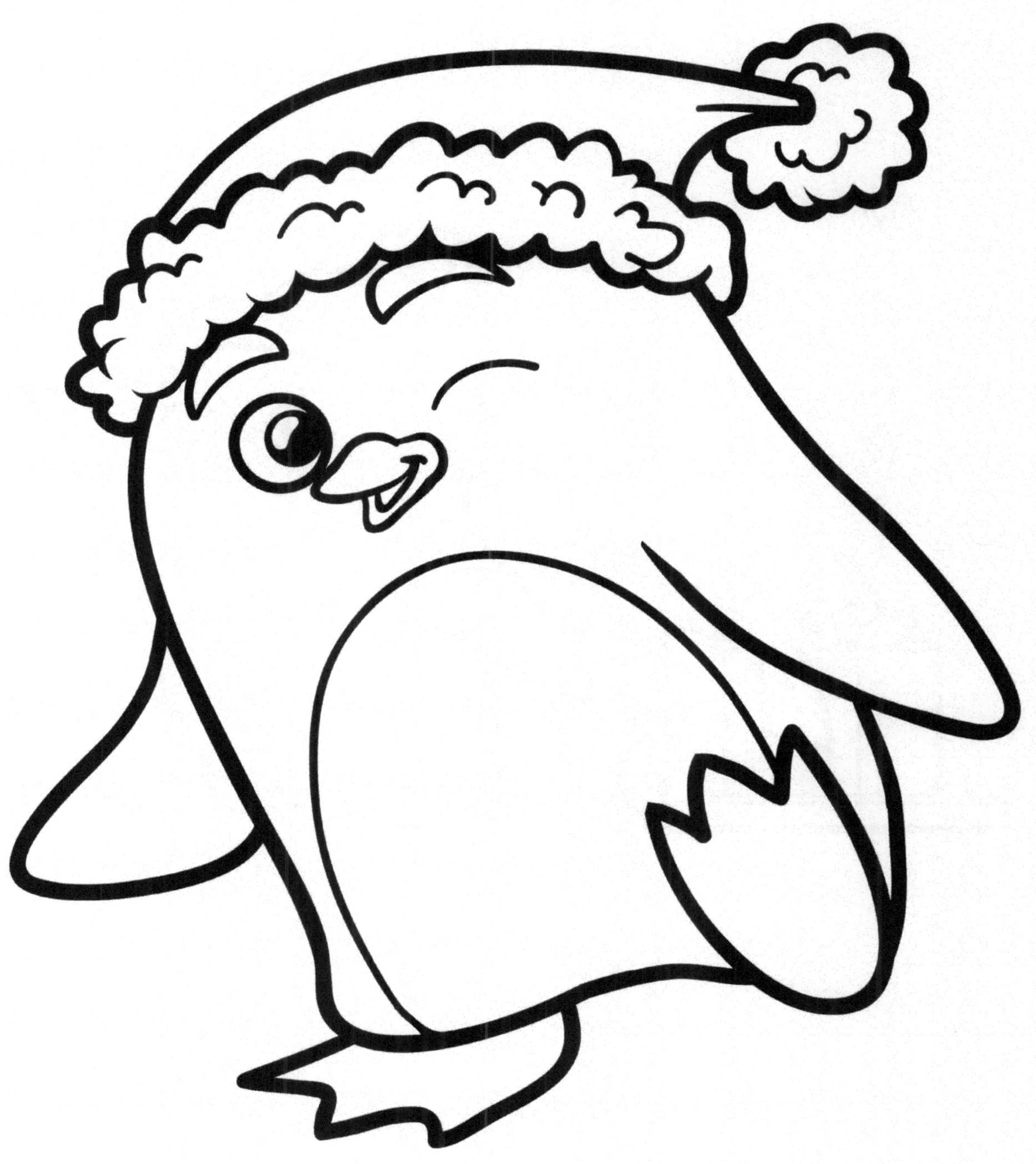

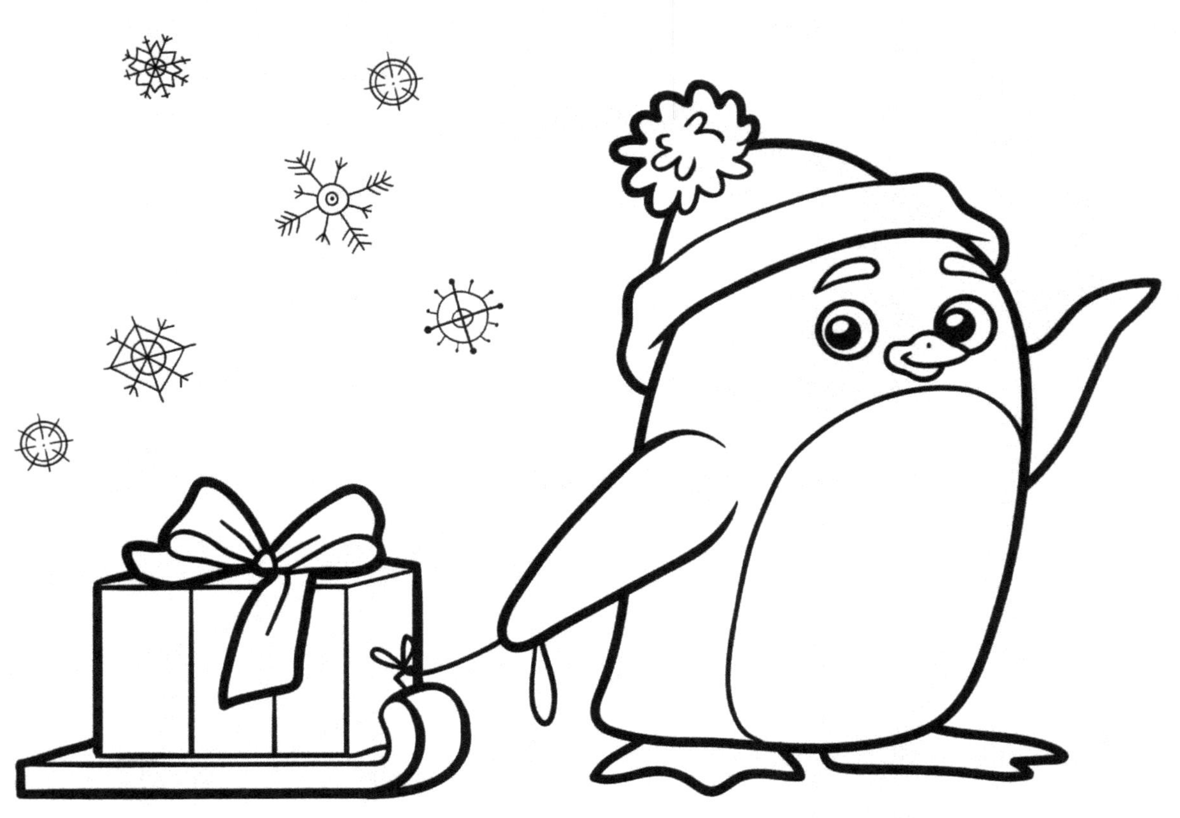

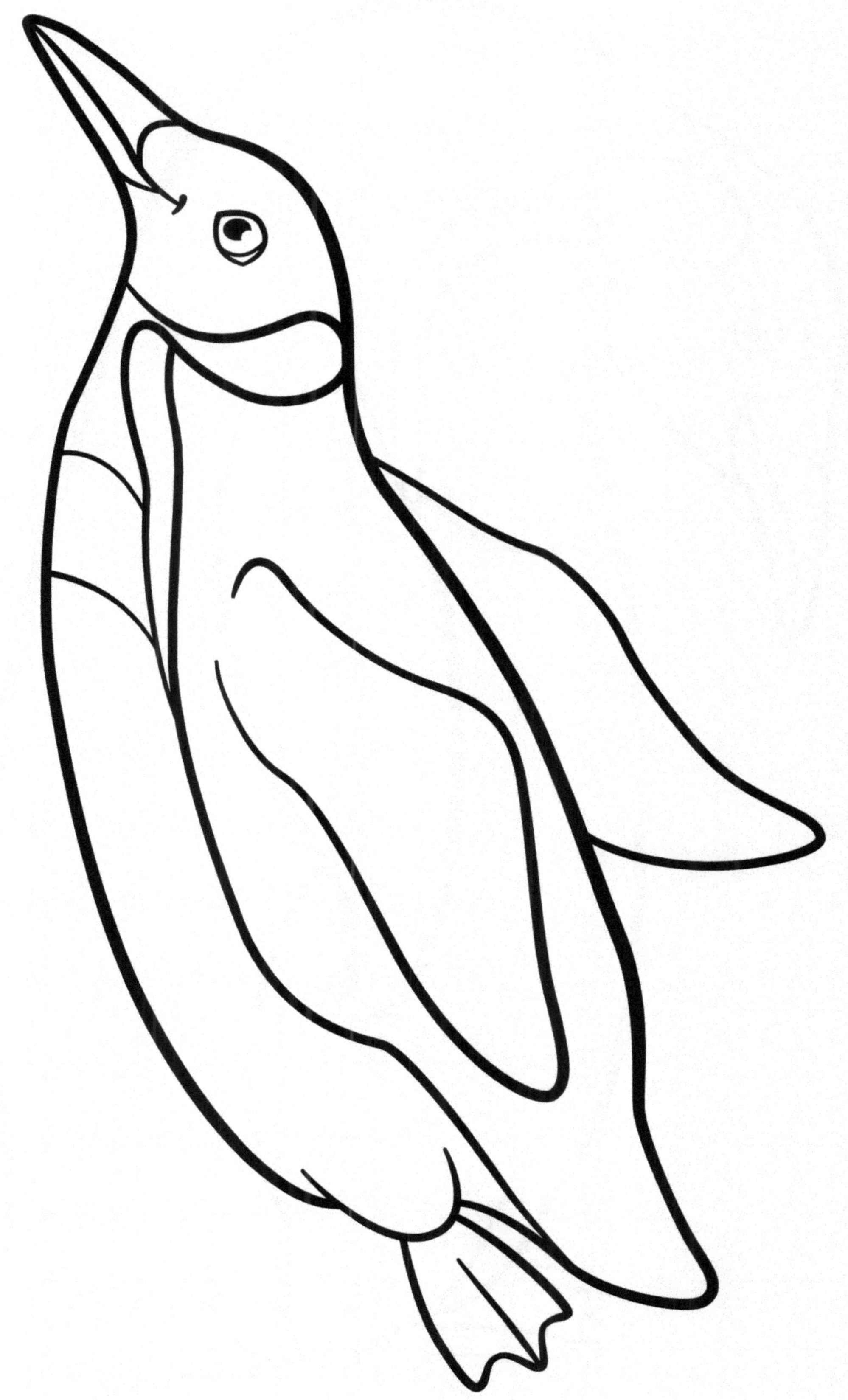

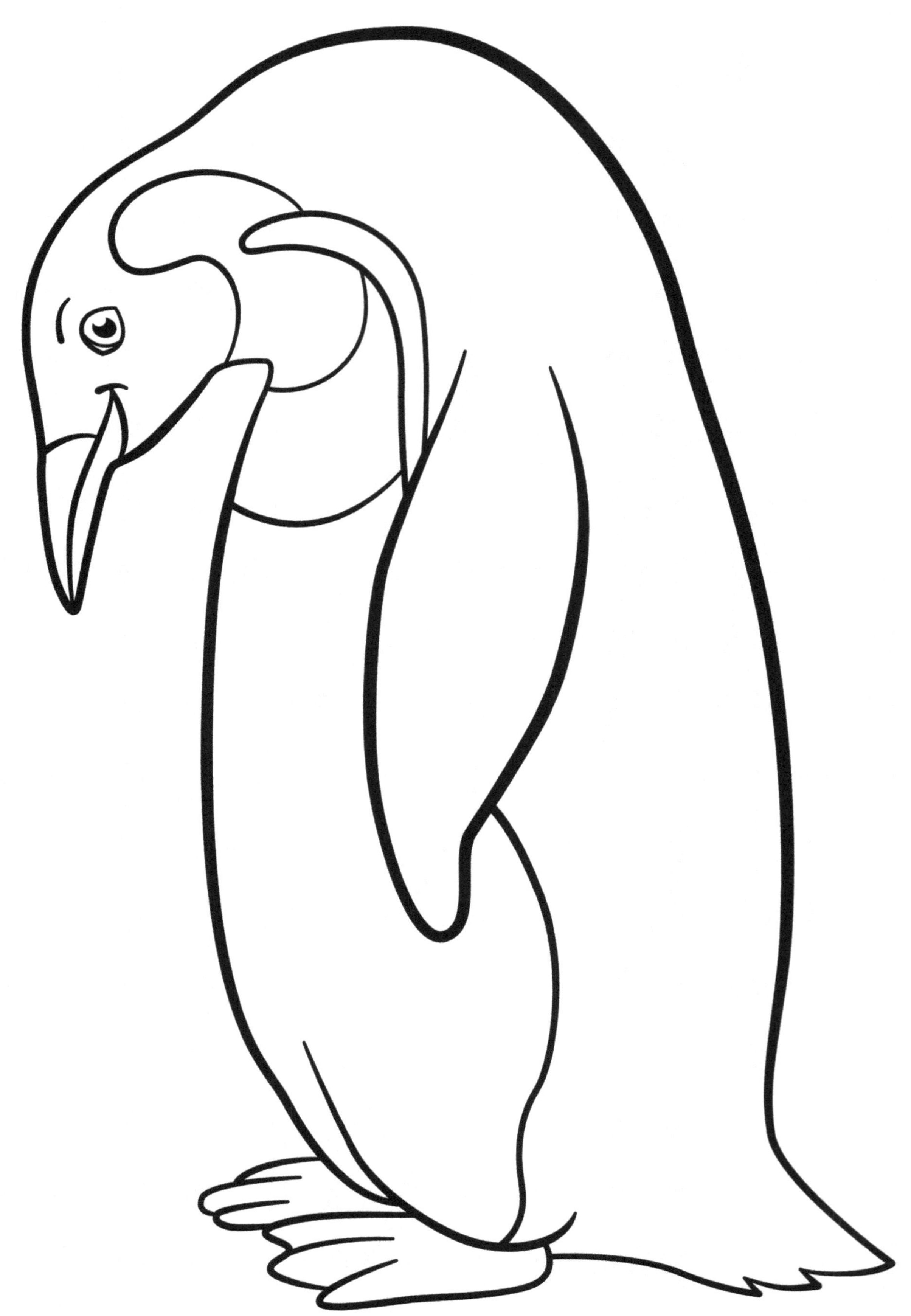

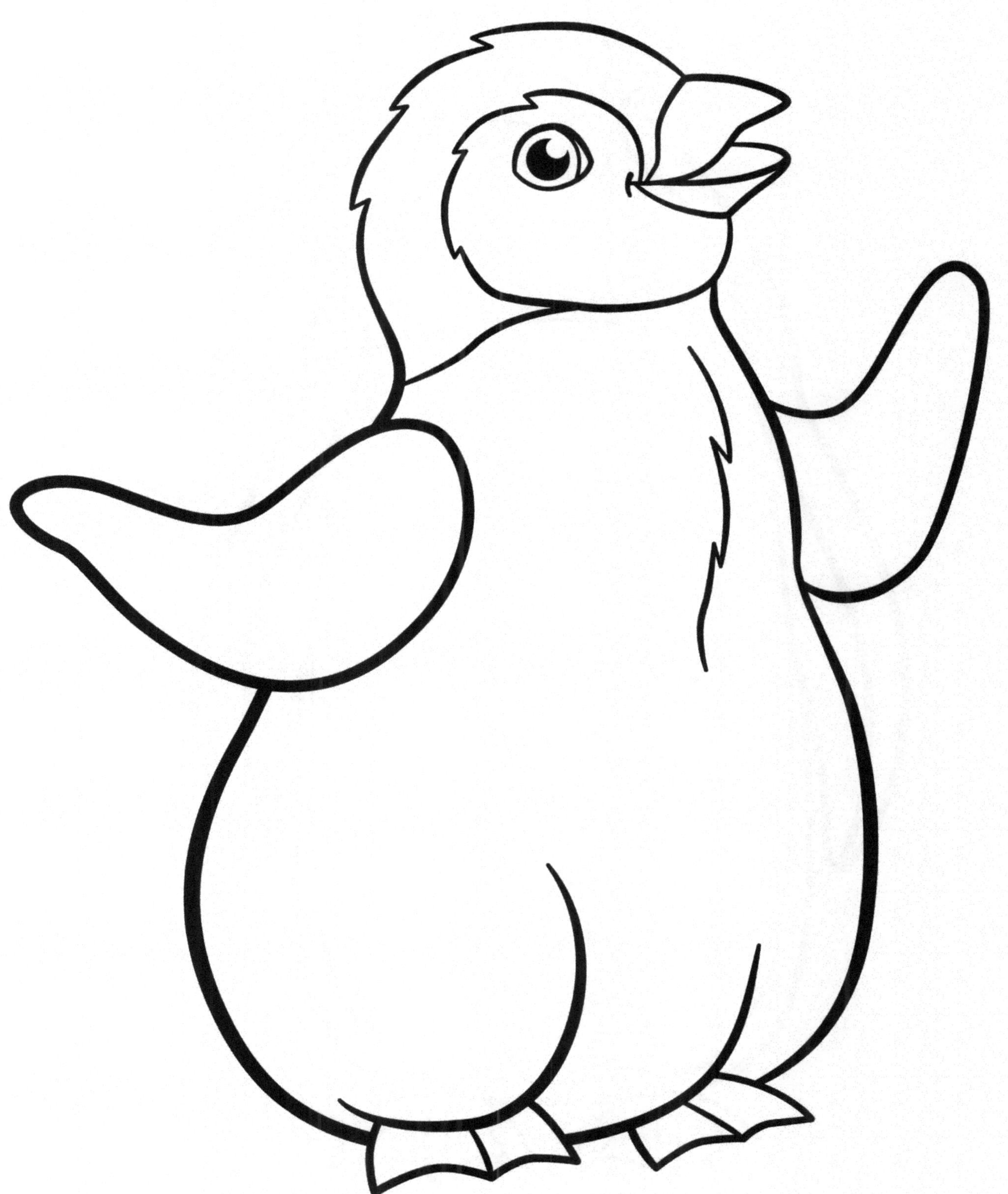

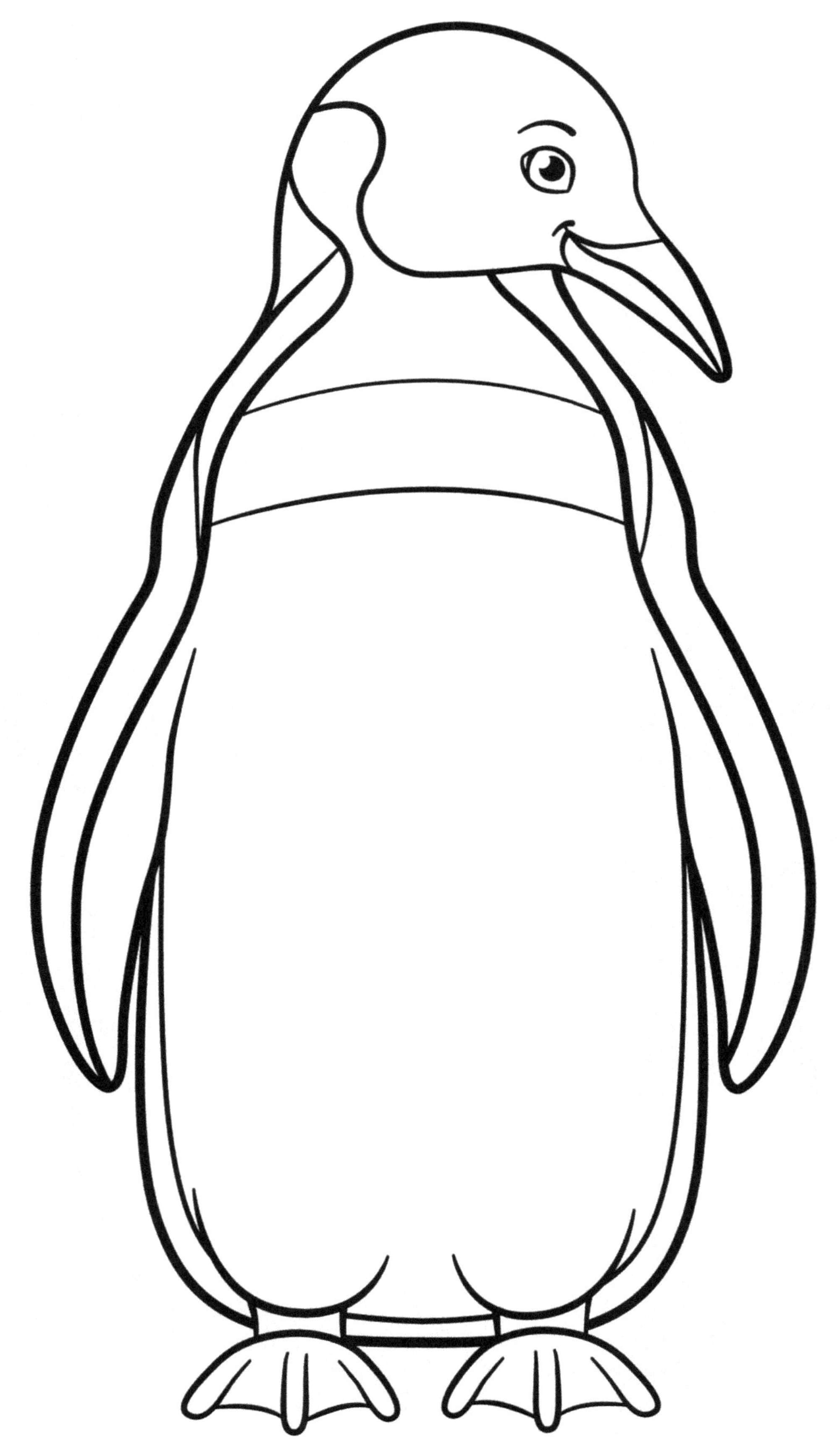

Lightning Source UK Ltd.
Milton Keynes UK
UKHW032149280520
364031UK00007B/99